LK 7/1024

(Extrait du *Journal de Soissons*).

HISTOIRE LOCALE.

BLÉRANCOURT. — LECAT. — SAINT-JUST.

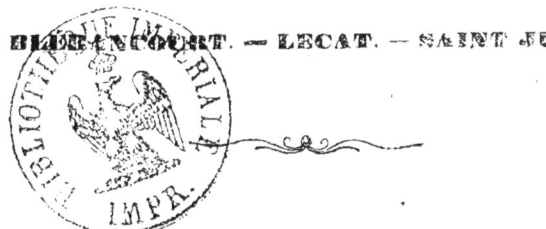

La Société historique et archéologique de Soissons vient de faire paraître son 6ᵉ volume, qui contient tous les procès verbaux de l'année 1852.

Nous avons pensé qu'il était convenable d'attendre la publication de ce volume avant d'insérer dans notre feuille quelques unes des notices lues pendant les séances de 1852. Nous commençons aujourd'hui par un travail de M. Suin sur le chirurgien Lecat et le conventionnel Saint-Just, deux célébrités du bourg de Blérancourt, travail que nous avons promis depuis longtemps à nos lecteurs.

Jusqu'ici, les historiens n'avaient parlé de la jeunesse de Saint-Just que d'une manière incomplète, et seulement d'après les oui-dire. M. Suin, en retrouvant les actes authentiques de la jeunesse du célèbre président de la Convention, a comblé une importante lacune. Son travail mérite toute l'attention des personnes qui s'occupent de notre histoire moderne.

Nous devons faire observer que les notices dont il s'agit, ont été composées pour être lues dans les séances et ensuite imprimées dans les procès verbaux, si la Société les en jugeait dignes; qu'elles ne sont pas des articles de journaux; qu'elles n'ont donc pas été écrites au point de vue de telle ou telle opinion, au point de vue de tel ou tel journal.

A. DECAMP.

(*Journal de Soissons* du 26 octobre 1853).

ARCHIVES DES COMMUNES DU DÉPARTEMENT DE L'AISNE.

Archives de la commune de Blérancourt.

D'après le premier paragraphe de notre règlement, nous devons rassembler tous les faits biographiques et chronologiques qui concernent l'histoire du département de l'Aisne et de l'ancien diocèse de Soissons; les bibliothèques, les dépôts publics, les archives des villes et des communes doivent avoir une large part dans nos travaux.

Il semble que nous ayons oublié les termes si précis de notre programme. Si nous avons beaucoup consulté les livres des bibliothèques, nous avons fait très-peu de recherches dans les dépôts publics; nous n'en avons fait aucune dans les archives des villes et des communes. Il semble que ces archives aient été brûlées partout comme à Soissons. Je crois cependant qu'on pourrait tirer un grand parti, pour le recueil des faits biographiques et chronologiques qui concernent notre histoire locale, de tous les papiers qui sont rassemblés dans les mairies, même dans les mairies des villages les plus modestes. Dans quelques-unes, on trouverait des titres très-anciens, plus anciens que les actes conservés dans les études des notaires, puisque ces fonctionnaires n'ont commencé à garder les minutes de leurs actes que sous François 1er, et pour obéir à l'ordonnance datée de Villers-Cotterêts du mois d'août 1539, qui les obligeait à n'écrire leurs actes qu'en *langage maternel françois*, et à en conserver les originaux *pour avoir secours quand mestier serait*. Notre Société, comptant aujourd'hui un grand nombre de membres titulaires et de membres correspondants, pourrait entreprendre l'examen de toutes les archives des communes du département de l'Aisne. J'ai souvent entendu plusieurs de nos collègues, plusieurs de ceux auxquels le ciel a fait des loisirs, s'excuser de ne nous adresser aucune communication en disant que les sujets leur manquaient. On ne pourra plus nous donner une pareille excuse, si deux vastes sujets : *les inscriptions des monuments et les archives des communes* sont proposés par nous à tous ceux qui voudront faire preuve de zèle et d'activité.

Quoique mes fonctions me permettent bien rarement de donner signe de vie comme membre de la Société archéologique, quoiqu'elles m'interdisent presqu'entièrement les recherches qui ne peuvent avoir lieu dans la ville même, je vais vous prouver que, sans remonter au-delà du 18e siècle, on trouve, dans les Annales des communes du département de l'Aisne, des documents d'un vif intérêt, même pour les personnes qui n'attachent qu'une faible importance à l'histoire et à l'archéologique locale. Je vais vous le prouver sans avoir recours aux villes et même aux chefs-lieux de canton, mais simplement par la copie ou l'analyse de quelques actes et procès-verbaux conservés à la mairie de Blérancourt.

Le premier volume de notre Bulletin témoigne que ce n'est pas la première fois qu'il est question, dans nos séances, du bourg de Blérancourt. Je vous en ai souvent parlé avec cette bienveillance, cette affection que chacun de nous porte naturellement au pays où il est né. Vous l'avez jugé digne de fixer votre attention, puisque vous l'avez compris dans l'itinéraire d'une de vos excursions, puisque vous avez visité les deux portes triomphales de son ancien château, et l'hospice que les orphelins y doivent depuis deux cents ans à la munificence du duc et de la duchesse de Gesvres, puisque vous vous êtes associés au vœu de cette inscription placée dans cet hospice en face des portraits de ses fondateurs :

Sit memoria illorum in benedictione...!

Parmi les anciens habitants de Blérancourt, le duc et la duchesse de Gesvres ne sont pas les seuls qui aient laissé des traces de leur passage sur la terre, autrement que par un acte de naissance et par un acte de décès. Non loin de l'hospice, et dans une belle et large rue qui mène de la halle à l'église, on voit encore la maison où naquit, en 1700, Claude-Nicolas Lecat, le plus célèbre chirurgien du 18e siècle, et dans une petite rue étroite et sablonneuse qui porte, depuis un temps immémorial, le nom sinistre de rue de la *Chouette*, existe encore, telle qu'elle était en 1792, la maison du conventionnel Saint-Just. Etrange caprice de la renommée, et combien la postérité est injuste envers l'un de ces deux hommes célèbres à des titres si différents ! Lecat dont la vie toute entière a été signalée par d'immenses services, qui s'est placé au premier rang comme savant et comme praticien, dont le vœu le plus cher était d'être utile à ses semblables jusqu'à sa dernière heure, qui fut toujours noble et digne dans une noble et digne profession, Lecat n'est plus aujourd'hui connu que de quelques docteurs. Saint-Just, au contraire, l'un des héros de la Terreur, est connu de tout le monde ; il est célébré, poétisé par les écrivains qu'on lit avec le plus d'avidité. Est-elle donc vraie cette pensée du fameux pamphlétaire de Veretz :

« On est quelque chose en raison du mal qu'on peut faire ! »

Je n'ai nullement l'intention, à propos des archives de Blérancourt, d'écrire ici la biographie complète de Lecat, encore bien moins celle de Saint-Just. Cette dernière serait tout-à-fait inutile, d'après ce que j'ai dit tout-à-l'heure. Je vais seulement rappeler, en quelques mots, les principales phases de la vie de Lecat.

Nicolas Lecat naquit à Blérancourt, le 6 septembre 1700.

Son père, qui lui-même était chirurgien, le destinait à l'état ecclésiastique. Bien qu'il portât le petit collet, il se mit à étudier la géométrie et l'art des fortifications, puis enfin la chirurgie dont son père lui donna les premiers éléments. Il fit de si rapides et de si grands progrès dans la partie scientifique de la chirurgie, il remporta, dans les académies, un si grand nombre de prix, que sa supériorité même le fit exclure de tous les concours. On l'avait surnommé *Pleistonicus*, l'homme aux fréquentes victoires. Ses succès, son rare talent le firent distinguer par plusieurs personnages considérables du 18e siècle, surtout par Mgr de Tressan, archevêque de Rouen, qui l'engagea vivement à se fixer dans cette ville, et le nomma son chirurgien. A partir de 1728, il a toujours habité Rouen, d'où sa réputation, comme praticien et comme professeur, s'étendit bientôt avec éclat dans Paris et dans toute la France. Il a contribué puissamment au perfectionnement de son art; il a servi la science et l'humanité par ses voyages, par ses leçons, par ses expériences et par ses ouvrages. On a dit, de son *Traité des sens*, que la partie anatomique était digne de Winslow, et que la partie morale était digne de Platon. Ce traité est fort agréable à lire encore aujourd'hui, même pour des gens du monde: Lecat y donne cours quelquefois à la gaîté naturelle de son esprit, et si Platon avait écrit ce livre, ce serait Platon en belle humeur. La grande préoccupation de Lecat, pendant toute sa vie, fut de rendre les opérations moins douloureuses, surtout celle de la pierre, ce mal terrible qui jetait souvent le bon Montaigne *si avant en la mort*, et dont Boileau souffrit si cruellement dès son enfance. (1) Le système de la taille inventé par le frère Côme était alors suivi partout. Lecat écrivit avec une grande énergie contre ce système. Il dénigra les instruments meurtriers qu'on employait, il prouva qu'on pouvait arriver à d'aussi bons résultats par des moyens moins cruels et moins dangereux; il se rendit à Paris, et comme il unissait l'adresse

---

(1) La maladie de la pierre était très commune au 16e siècle, et l'on se préoccupait beaucoup alors des moyens de la guérir. Nous trouvons ce qui suit dans les registres du bureau de la ville de Paris, à la date du 4 janvier 1552 :

« M. le prévôt des marchands a dit et proposé en l'assemblée que
» MM. de la Court sont advertis qu'il y avoit en ceste ville ung cirur-
» gien nouveau venu, qui estoit excellent pour inciser et tailler de la
» pierre, plus que ne fut jamais maistre Césart ne autres; et que si on
» luy vouloit donner quelque privillège en ceste dicte ville et quel-
» ques gaiges, ce seroit occasion de le retenir et faire aprandre sa
» science aux autres cirurgiens, dont nos successeurs, habitans de ceste
» ville, pourroient avoir secours quant besoing seroit. »

On voit dans les mêmes registres que le bureau de la ville de Paris se préoccupait encore beaucoup, sous Henri IV et Louis XIII, des moyens de guérir la pierre.

de la main aux plus grandes lumières de l'esprit, il sut opérer avec tant de succès qu'il entraîna l'académie royale de chirurgie, très-prévenue en faveur du frère Côme, et qui, pourtant, finit par abandonner son système pour adopter celui de Lecat.

On a beaucoup reproché, et tous les biographes reprochent encore maintenant à Lecat de s'être livré, par trop, dans cette fameuse querelle, à cette verve railleuse, à cet esprit plaisant, incisif, que le chirurgien de Rouen devait sans doute à son origine picarde, défaut ou qualité que l'on retrouve encore aujourd'hui chez le plus grand nombre des compatriotes de Lecat. On lui a reproché d'avoir, au mépris de toute convenance, accablé le frère Côme d'amers sarcasmes et de personnalités blessantes. N'était-ce pas une nécessité, pour Lecat, d'attaquer par tous les moyens un système pour lequel les savants se montraient si favorables? Ne fallait-il pas qu'il fît beaucoup de bruit, qu'il mît de son côté le public qui n'aurait pris aucun intérêt à des discussions purement scientifiques. Homme instruit, Lecat savait, sans aucun doute, qu'il pouvait invoquer pour excuse l'autorité du plus grand des orateurs; il avait lu ce passage du discours pour la couronne où Démosthène avoue que les personnalités sont une des parties essentielles de l'éloquence, et qu'elles sont toujours écoutées avec faveur. Et puis, que voulait Lecat? quel résultat voulait-il atteindre? la méthode qu'il cherchait à faire prévaloir était un immense bienfait pour l'humanité. La sainteté du but ne doit-elle pas faire pardonner au chirurgien d'avoir assaisonné la science de quelques phrases mordantes, de quelques facéties d'un goût douteux? Les biographes feraient bien de ne pas suivre, dans l'article Lecat, l'habitude qu'ils ont toujours eue de se copier les uns les autres, et de ne plus allonger inutilement cet article par l'insertion des reproches dont je viens de parler.

En 1764, Lecat reçut des lettres de noblesse; il accepta pour devise ce passage de Tacite : *Catti fortunam inter dubia, virtutem inter certa numerant.* En 1768 parut son dernier ouvrage : *Le Cours abrégé d'ostéologie.* Je ne puis mieux vous faire connaître mon illustre compatriote qu'en vous lisant un extrait de la préface de ce Cours :

« Depuis trente-quatre ans que j'enseigne, j'ai souvent été as-
» sez brave pour me dépouiller de tout amour-propre. Il y a
» trente ans que mes élèves me demandent cette édition. Pour
» que ce travail ne prît rien sur le temps que je donnais aux hô-
» pitaux, à celui de la charité surtout dont je m'étais fait voisin,
» j'avais soin le soir d'environner mon lit, de le charger même
» assez utilement en hiver de ma collection ostéologique, et j'avais
» gagné trois ou quatre heures d'étude sur mes camarades lorsque
» je me rendais aux pansements à sept heures. Puisse ce petit dé-
» tail fait exprès pour mes élèves, leur inspirer la même émula-
» tion.

» J'espère qu'on me rendra cette justice de reconnaître que
» j'emploie avec assez d'activité les dernières années que le ciel
» m'accorde; qu'il lui plaise d'ajouter à la faveur de les prolonger,
» celle de les préserver de la caducité, et j'accomplirai le plus
» cher et le plus sacré de mes vœux, celui d'être utile aux hommes
» jusqu'à ma dernière heure. »

Lecat mourut à Rouen peu de temps après avoir écrit cette préface, le 20 août de cette même année 1768. C'est avec un grand plaisir que j'ai trouvé, après d'assez longues recherches, dans les actes de l'état civil de Blérancourt, l'acte de baptême de cet homme éminent.

Voici la copie de cet acte :

Extrait du registre des actes de l'état civil du bourg de Blérancourt, canton de Coucy-le-Château, arrondissement de Laon, département de l'Aisne. Année 1700, page 6e au verso.

« Le septième septembre 1700 fut baptisé Claude-Nicolas, fils
» de M. Claude Lecat, chirurgien, et de dame Marie-Anne Méresse,
» sa femme. L'enfant né du jour précédent; pour parrain, Nicolas
» Duchemin, fils de Nicolas Duchemin, notaire ; marraine, Catherine Méresse, qui ont signé.
» Ainsi signé au registre
» Duchemin ; Catherine Méresse et Du Boco. »

Les ouvrages de Lecat sont encore lus et consultés aujourd'hui par les médecins et les chirurgiens ; il faut, pour qu'il en soit ainsi, qu'ils aient eu pour leur temps une bien grande valeur, puisqu'ils traitent d'un art qui, depuis, a fait tant de progrès. Ces progrès si précieux, Lecat est un de ceux qui les ont préparés ; et comme l'a dit un philosophe, nous voyons plus haut que nos anciens, parceque nous sommes montés sur leurs épaules. Ce n'est point d'après les connaissances et les méthodes actuelles, ce n'est même pas d'après ses ouvrages que nous devons juger Lecat. Quoiqu'il ait beaucoup écrit, ses œuvres ont été plutôt la distraction que l'occupation de son talent. On n'aurait qu'une idée très-imparfaite du célèbre chirurgien, si l'on croyait le trouver tout entier dans ses livres.

La postérité n'en avait pas besoin pour accepter son nom. La gloire de Dupuytren, la gloire de Lecat n'a pas à réclamer, comme une demande judiciaire, le secours d'un commencement de preuve par écrit ; elle est née de la reconnaissance, de l'admiration des contemporains et repose sur la tradition des souvenirs.

Si j'ai cherché et enfin trouvé dans les archives de Blérancourt l'acte de baptême de Lecat, je n'y ai pas cherché et n'y aurais pas trouvé l'acte de baptême de Saint-Just, par la raison fort simple que, malgré les affirmations contraires des biographes, Saint-Just n'est point né à Blérancourt ; mais il y est venu fort jeune, et l'a presque toujours habité, jusqu'au moment où il a été nommé représentant du peuple. Si l'on n'avait pas écrit beaucoup déjà sur ce personnage célèbre, si l'on n'avait point dénaturé ses actions, même celles de sa jeunesse, je ne vous aurais pas soumis les procès-verbaux dont je vais vous donner l'analyse ; j'aurais appliqué volontiers à cet homme et à tous les coriphées de la Terreur, ce qu'Alexis Monteil dit des guerriers fameux, des héros de l'*Histoire bataille*. A quoi bon s'occuper de ces hommes farouches ? Pourquoi ne pas les laisser tranquilles dans leurs tombeaux où ils sont si bien pour leur repos et pour le nôtre ? En dehors des faits constatés par les procès-verbaux dont j'ai la copie, je ne donnerai aucun détail et ne me livrerai à aucune réflexion sur la vie de Saint-Just ; de graves motifs m'imposent, à cet égard, la plus grande réserve. D'ailleurs, vous connaissez tous les deux volumes qu'un de nos collègues, M. Ed. Fleury, vient d'écrire sur *Saint-Just et la Terreur*, et dont il a bien voulu faire hommage à notre Société. Il ne m'appartient pas de faire l'éloge ou la critique de ce livre composé par M. E. Fleury, pour rendre à Saint-Just son véritable caractère, altéré de la manière la plus complète, poétisé à l'aide de mensonges, et non sans danger pour quelques lecteurs, par plusieurs historiens, et notamment par M. de Lamartine dans son roman des Girondins. Le but de M. Ed. Fleury était de rendre au jeune proconsul sa physionomie réelle, de nous montrer la personne à côté du personnage, d'ôter à l'auteur licencieux d'Organt, au ravisseur de Mme Thorin, son masque d'austérité et de vertu. Si notre collègue a bien accompli la tâche qu'il s'était imposée, s'il est resté toujours impartial et vrai, il a fait une œuvre très-louable et une bonne action.

M. Ed. Fleury n'a pas oublié, dans son livre, Pierre-Victor Thuillier, l'intime ami, le secrétaire et le confident de Saint-Just. Thuillier était à Blérancourt, secrétaire de la municipalité ; il avait été nommé à cette fonction le 7 février 1790.

Voici l'extrait de sa nomination:

« En conformité des articles 32 et 33 du décret de l'assemblée
» nationale, concernant la Constitution des municipalités du 14
» décembre dernier, sanctionné par le roi, il a été procédé par les
» soussignés composant le conseil général de la commune de Blérancourt, à la nomination d'un secrétaire-greffier et d'un trésorier, et
» après avoir mûrement réfléchi sur cette nomination, nous avons
» nommé, pour secrétaire-greffier, M. pierre-Jean Louis-Victor
» Thuillier le jeune, praticien, demeurant à Blérancourt, et pour
» trésorier de la commune, M. André-François-Emmanuel Decaisne, notaire royal et colonel de la garde nationale dudit Blérancourt, y demeurant, lesquels, ici présents et acceptant, ont
» prêté serment de bien et fidèlement remplir leurs fonctions, et
» d'être fidèles à la patrie, à la loi et au roi.

» Fait et arrêté. . . . . ▶

Thuillier a donc écrit toutes les délibérations dont je vais parler, mais il est évident pour moi que son ami Saint-Just n'a pas été étranger à la rédaction de plusieurs d'entr'elles, notamment de celle qui est intitulée : *Procès-verbal sur l'écrit qui a été brûlé.* L'écriture de Thuillier est belle et régulière ; il se brouille bien quelquefois avec l'orthographe. Cependant le registre de la municipalité de Blérancourt, pendant la première partie de la période révolutionnaire est, sans aucun doute, l'un des mieux tenus de ce temps-là. Thuillier a bien gagné l'indemnité de 100 livres, par année, qui lui fut accordée par la municipalité, le 27 février 1790. Il se donnait le titre assez vague de praticien, parce qu'il était clerc de M° Gellé, notaire, père de Mme Thorin, que l'austère Saint-Just enleva à son mari quand il partit pour siéger à la Convention.

Le 21 du même mois de février, les habitants de Blérancourt prêtent le serment civique. Le procès-verbal qui constate la prestation de ce serment porte, immédiatement après les signatures des autorités, celle de la famille de Saint-Just.

Il est ainsi conçu :

« Cejourd'hui 21 février 1790, la commune de Blérancourt,
» sans distinction d'âge, de sexe et de rang, a prêté le serment
» civique, et a juré fidélité à la loi, au roi et à la Constitution, et
» ont tous signé. . . . . »

A la date du 15 mai 1790 se trouve un autre procès-verbal que je transcris ici littéralement:

Procès verbal sur l'écrit qui a été brûlé.

« Cejourd'hui quinze mai mil-sept-cent-quatre-vingt-dix, la mu-
» nicipalité de Blérancourt étant extraordinairement convoquée,
» François Monneveux, procureur de la commune, a porté la pa-
» role et nous a dit que le onze du présent mois, il a été adressé à
» M. de Saint-Just électeur au département de l'Aisne et demeu-
» rant audit Blérancourt, un paquet contenant trente exemplaires
» d'une feuille ayant pour titre, *déclaration d'une partie de l'As-
» semblée nationale sur un décret rendu le 13 avril 1790, concer-
» nant la religion.*
» Qu'à cet envoi était jointe une lettre, remplie de maximes o-
» dieuses, qui l'engageait à employer le crédit qu'il a dans ce
» pays, en faveur de la religion sapée par les décrets de l'Assem-
» blée nationale, à propager l'écrit contenu dans l'envoi
» Ici l'Assemblée a demandé d'un seul cri la lettre de M. de
» Saint-Just, ce dernier a été prié de se rendre à l'Assemblée et
» a fait lecture de la lettre qu'il avait dénoncée lui-même au pro-
» cureur de la commune. Toute l'Assemblée justement révoltée
» des principes abominables que les ennemis de la révolution
» cherchent à faire circuler dans l'esprit du peuple, a arrêté que
» la déclaration serait lacérée et brûlée sur le champ, ce qui a
» été fait à l'heure même, et M. de Saint-Just, la main sur la
» flamme du libelle a prononcé le serment de mourir pour la pa-
» trie, l'Assemblée nationale et de périr plutôt par le feu comme

» l'écrit qu'il a reçu que d'oublier ce serment. Ces paroles ont
» arraché des larmes à tout le monde; M. le maire, la main sur
» le feu, a répété le serment avec les autres officiers municipaux,
» il a ensuite félicité M. de Saint-Just en lui disant : Jeune hom-
» me, j'ai connu votre père, votre grand'père et votre taillon,
» vous êtes digne d'eux, poursuivez comme vous avez commencé,
» et nous vous verrons à l'Assemblée nationale, et ont signé les
» maire et officiers municipaux. »

M. Ed. Fleury a trouvé, dans les Annales de la Société des Jacobins, et je crois même dans le *Moniteur*, le récit de l'incendie provoqué par Saint-Just, de la déclaration rédigée par la minorité des membres de l'assemblée nationale. Cette minorité protestait contre l'abolition des lois pénales qui frappaient les non-catholiques.

M. Ed. Fleury, n'ayant pas su qu'il existait à Blérancourt des archives qui dataient de 1790 (1), a regardé comme une chose impossible que M. le maire ait pu dire à Saint-Just qu'il avait connu ses aïeux; il a pensé que cette partie du récit était un conte qui ne méritait ni d'être démenti, ni d'être réfuté, puisqu'il est bien certain que la famille Saint-Just était, depuis peu de temps, venue des environs de Nevers se fixer à Nampcelle, et puis à Blérancourt, et qu'à cette époque Saint-Just avait deux ou trois ans.

Oui, cela est bien certain, mais il n'est pas non plus douteux que M. Honoré, maire de Blérancourt, ancien cultivateur, dont la maison touchait celle de M. de Saint-Just père, ait prononcé les paroles que lui prête le procès-verbal du 15 mai 1790, rédigé par Thuillier, l'intime ami de Saint-Just, ou plutôt par Saint-Just lui-même. Cela est bien plus vrai que les anecdotes racontées par d'anciens camarades de collége. Faut-il admettre que M. Honoré aurait voulu dire qu'il avait connu les aïeux de Saint-Just de réputation ? ou bien que M. de Saint-Just père, originaire de Blérancourt, l'aurait quitté pendant quelque temps

---

(1) Je savais qu'il existait à Blérancourt, comme dans toutes les communes, des archives que j'ai voulu consulter. J'ai fait le voyage de Blérancourt où je passai, en 1851, deux jours, comme je l'avais déjà fait en 1850. Je fis alors visite à M. le maire de cette ville qui me reçut, je dois le reconnaître, avec la plus cordiale bienveillance et se mit à ma disposition avec une grande bonne volonté. Sur son affirmation qu'il n'existait dans les archives de sa mairie, archives qu'on mettait alors en ordre, si je ne me trompe, rien qui concernât Saint-Just, je dûs me contenter d'interroger les mémoires et les souvenirs; plus heureux que moi, M. Suin, qui assistait à cet entretien, a retrouvé depuis les pièces importantes qu'il publie aujourd'hui et qui restitueront quelques faits à la vie de l'homme trop célèbre dont j'ai écrit la monographie.

Ed. Fleury,
Membre correspondant de la Société de Soissons.

pour revenir ensuite mourir à son berceau? Les paroles de M. le maire sont toujours précieuses à recueillir; elles prouvent quelle haute idée on avait alors de Saint-Just, à peine âgé de vingt-deux ans, à qui l'on montrait déjà, dans un avenir assez rapproché, un siège à l'Assemblée nationale. Il était, à vingt-deux ans, l'homme le plus influent du pays; il régnait dans cet Yvetot. En faisant une prédiction qui, malheureusement devait bientôt se réaliser, l'excellent maire croyait annoncer à son jeune voisin les plus brillantes et les plus heureuses destinées. Il ne savait pas quel triste sort il lui présageait, il ne savait pas à quels dangers s'exposerait ce jeune homme, il ne savait pas qu'il allait courir non-seulement le risque de devenir victime, mais un risque bien plus grand encore, celui de devenir bourreau.

Par une délibération du 12 juillet 1790, Saint-Just est chargé de représenter, à Paris, le 14 du même mois, la garde nationale de Blérancourt à la fête de la Fédération, et d'y prêter le serment de fidélité à la nation, à la loi et au roi.

Dans cette délibération, Saint-Just est désigné comme lieutenant-colonel de la garde nationale de Blérancourt, et commandant d'honneur de celles du canton. Cependant, je n'ai pu découvrir la nomination de Saint-Just au grade de lieutenant-colonel. Un procès-verbal du 7 février 1790 constate les nominations du colonel, du major, des capitaines, etc.; mais il n'y est question ni de lieutenant-colonel, ni de Saint-Just. Le colonel était son beau-frère, M. Decaisne. Mme Decaisne, sœur de Saint-Just, existe encore aujourd'hui et habite Blérancourt, où elle est entourée de l'estime et du respect de tous.

Le 14 Juillet 1790, une fête patriotique eut lieu dans ce bourg à l'occasion de la Fédération. Un autel avait été élevé auprès du château sur la vaste place qu'on nomme le marais. Le procès-verbal de cette fête n'a point été rédigé par Thuillier; le secrétaire de la municipalité avait accompagné à Paris son ami Saint-Just.

La garde nationale dont Saint-Just était lieutenant-colonel comptait deux cents hommes. Alors, comme aujourd'hui, quelques citoyens se montraient peu sensibles aux attraits de l'uniforme, aux charmes de la parade et du corps-de-garde. A la date du 29 mars 1790, j'ai trouvé, dans les registres, un procès-verbal dressé contre M. Gellé, ce notaire dont j'ai déjà parlé. L'irascible tabellion, sommé de monter sa garde, ne se gêne pas du tout pour répondre à la milice villageoise que *commandait M. de Saint-Just*, *que cette troupe est une bande de canailles, et qu'il n'est point fait pour monter la garde avec des gueux et des coquins.* Ce dernier procès-verbal est du plus haut comique; la gravité de notre séance m'empêche de vous en donner lecture. Il est digne d'être envoyé à cette fameuse et non moins joyeuse société des *Agathopèdes* de Bruxelles, qui fit récemment tant de bruit quand un journal de Paris eut l'extrême bonté de la prendre pour une société sérieuse et savante, à cause d'un article sur la maladie des pommes de terre, où l'auteur insistait pour qu'on les fît toutes vacciner (1).

---

(1) Nous croyons pouvoir insérer dans notre journal, moins grave que le Bulletin de la Société archéologique, le procès-verbal dressé contre le notaire Gellé. Nous devons la copie de ce curieux document à l'extrême obligeance d'un jeune habitant de Blérancourt, M. Paul Dauthuille.

Extrait du registre de délibérations du conseil municipal du bourg de Blérancourt.

Cejourd'hui vingt neuf mars mil sept cent quatre-vingt dix, dix heures du matin, devant nous maire et autres officiers de la municipalité de Blérancourt, assistés du Procureur syndic de la commune dudit Blérancourt et en la présence du colonel commandant de la milice nationale dudit lieu, est comparu le sieur François Clay Lefebvre, capitaine de ladite milice, lequel nous a fait rapport que cejourd'hui, neuf heures du matin, étant accompagné des sieurs Nicolas Bigot cuisinier, Charles-Marie Bigot maître menuisier, Jean de la Croix marchand mégissier et Charles Devin journalier, tous quatre soldats de ladite milice nationale, il aurait été chez le sieur Gellé receveur du Seigneur dudit Blérancourt, pour lui remettre une lettre de nous maire et officiers municipaux portant injonction au sieur Gellé d'après le refus qu'il en avait ci-devant fait de monter la garde aujourd'hui lundi ou en cas d'empêchement de se faire remplacer, que la femme du sieur Gellé (étant alors dans sa boutique) s'étant approchée du sieur Clay en jurant, lui aurait demandé ce qu'il voulait, que s'il venait pour faire monter la garde à son mari qu'il pouvait s'aller faire f...., que son mari ne la monterait pas, n'étant pas fait pour se trouver avec une bande de canailles, de coquins, et de gueux comme eux, et ceux qui composaient leur f..... milice, et se serait au même instant jetée sur la lettre dont il s'agit, ce que ledit sieur Clay lui aurait néanmoins empêché de faire, ce que voyant ladite femme Gellé elle serait à l'instant passée dans une pièce voisine où elle aurait pris de la cendre dans ses mains qu'elle se disposait à jeter dans les yeux du sieur Clay et dans ceux des personnes qui l'accompagnaient, notamment dans ceux de Bigot, l'aîné, ce qu'elle aurait effectué, si le sieur Bigot, le jeune, qui s'en aperçut ne lui eût dit que si elle le faisait il serait forcé de la repousser à coups de bourades, alors elle jeta les cendres à terre, mais s'étant armée d'un bâton, et continuant ses injures contre ladite milice, elle leva le bâton pour en frapper ledit sieur Clay, qui, ayant fait un pas en arrière pour se mettre à l'abri du coup, lui présenta la pointe de son épée, en lui disant que si elle avait l'audace de le frapper, il la lui passerait au travers du corps, alors le sieur Gellé étant sorti d'une pièce voisine et entré dans ladite boutique, loin de chercher à apaiser les injures et voies de fait de sa femme, insulta lui-même et de la manière la plus outrageante ledit sieur Clay, ceux qui l'accompagnaient et toute la milice nationale, en leur disant qu'ils étaient des drôles, des coquins, des gueux

A la date du 17 octobre 1790, se trouve le premier rapport écrit par le futur auteur du rapport contre Danton. Il s'agissait d'une transaction projetée entre la municipalité et le seigneur de Blérancourt pour un partage de biens communaux. Saint-

de la canaille et nombre d'autres injures, qu'ils venaient pour l'assassiner chez lui, qu'ils n'avaient qu'à f..... le camp et qu'il allait les f..... à la porte ; en effet, joignant les effets aux menaces, il s'efforça conjointement avec sa dite femme, et le nommé Benoist Gellé son frère, ouvrier sculpteur, ornementiste, présent chez son dit frère, de les pousser à la porte en continuant leurs invectives, tant contre ledit sieur Clay comparant et les soldats qui l'accompagnaient, que contre la milice nationale; que ledit Clay, pour éviter les suites fâcheuses qui auraient pu résulter si il eût opposé une plus longue résistance aux voies de fait dudit sieur Gellé, de son frère et de sa femme, se borna à observer au sieur Gellé qu'il ne s'attendait pas en venant au nom de la municipalité l'engager à remplir un devoir auquel il ne pouvait se refuser, celui de monter ou de faire monter sa garde, à être lui, ceux qui l'accompagnaient et toute la milice nationale, non-seulement insultés aussi cruellement qu'ils venaient de l'être, mais à éprouver des voies de fait telles que celles dont il vient de rendre compte, qu'il allait en faire son rapport au colonel commandant de ladite milice et à la municipalité, ce qu'il a à l'instant fait comme dessus, duquel rapport il nous a requis acte que nous lui avons accordé, observant en outre le sieur Clay, qu'ayant envoyé hier et cejourd'hui le sieur Sinice Lombard, caporal de ladite milice, pour commander ledit sieur Gellé de garde, auquel ladite femme Gellé aurait également dit des injures en le chargeant de dire au sieur Clay qu'elle se f.... de lui et de toute la milice et que son mari n'était pas fait pour monter la garde avec des gueux comme eux.

Mais, comme il importe au bon ordre, au maintien de la sureté publique, et au respect dû aux décrets de l'auguste assemblée nationale, à la municipalité, et à la milice nationale, que de tels excès et voies de fait soient réprimés et punis, nous maire et officiers municipaux en présence dudit sieur colonel commandant de ladite milice, avons ordonné que lesdits faits ci-dessus, circonstances et dépendances seraient dénoncés au sieur Procureur du Roi du bailliage de Coucy, pour par lui rendre plainte contre ledit sieur Gellé et sa femme et faire informer d'iceux ; à l'effet de quoi avons par la présente délibération autorisé le sieur Monneveux procureur de ladite commune, ci-présent, à faire ladite dénonciation, pour, sur lesdites plaintes et informations être ensuite ordonné ce qu'il appartiendra, à l'effet de quoi qu'il lui serait délivré par notre secrétaire greffier expédition de la présente délibération, ainsi que de la précédente relative à la lettre du sieur Gellé, pour par lui être remise audit sieur Procureur du Roi. Disons en outre que copies de la présente seront envoyées à M. le Président de l'assemblée nationale et à M. le commandant général des milices nationales de France, (le général Lafayette) et avons signé avec ledit sieur Clay, le colonel commandant, ledit Procureur de la commune et notre dit secrétaire greffier lesdits jour et an.

(*Suivent les signatures.*)

Copié conforme sur l'original à Blérancourt le 10 août 1852.

Just avait été choisi comme mandataire de tous les habitants. Ce qui frappe le plus dans ce rapport, c'est que Saint-Just y parle avec une extrême convenance, avec beaucoup de respect du seigneur de Blérancourt. On y remarque les phrases suivantes :

« Ce choix (celui de mandataire de la commune) tomba sur moi;
» on me dira que je l'ai provoqué, oui, sans doute, et je provo-
» querai sans vanité toutes les occasions de vous être utile, tant
» en public q'uen particulier. . . . .
» Pour moi qui n'attache, à l'emploi dont je suis chargé, d'autre
» importance que celle de vous être utile à quelque chose, qui ne
» cherche point les honneurs, mais le bien et l'oubli ensuite, j'a-
» chèverai l'ouvrage qui m'est confié, trop payé sans doute, par le
» plaisir de l'avoir fait.
» Comme depuis quelque temps quelques personnes sont en
» titre de travestir mes actions, je demande, Messieurs, que le
» compte que je viens de vous rendre soit annexé au procès-ver-
» bal de cette assemblée qui doit passer à l'administration, et
» qu'il soit constaté que je n'ai rien dit de plus. »

Ces cinq dernières lignes ont été rayées sur le registre. Il en résulte que Saint-Just avait déjà des ennemis dans son pays, ou plutôt que des personnes sensées s'effrayaient, non sans raison, de l'importance que ce jeune homme avait prise dans son pays, pour s'élever ensuite beaucoup plus haut.

Le 24 juin 1791, Saint-Just fait partie d'un détachement de gardes nationaux patriotes qui, sur l'avis du district de Chauny, devait se rendre à Soissons avec armes et bagages au-devant du roi.

Le procès-verbal, très-laconique, ne dit pas dans quelles circonstances avait lieu le voyage du roi, mais la date nous le dit assez, puis que le 22 du même mois de juin, l'infortuné Louis XVI avait été arrêté à Varennes pour être ramené vers Paris.

On ne peut s'empêcher de rapprocher ce procès-verbal du discours si violent prononcé par Saint-Just dans le procès du roi. Le 24 juin, Louis XVI marchait déjà vers l'échafaud, et Saint-Just allait le voir passer; il allait au-devant du prince à la condamnation duquel il devait prendre une si grande part ; il flairait déjà sa proie.

L'affaire des biens communaux revient encore à la date du 9 août 1791. MM. Louis-Léon de Saint-Just et Louis-François Binaut, électeurs pour le canton de Blérancourt, sont chargés de se présenter devant le bureau de paix et de conciliation établi près du tribunal de Coucy, pour tenter une transaction avec M. de Grenet, propriétaire de la terre de Blérancourt. Cette transaction n'eut pas lieu, car le 7 novembre suivant, le conseil général de la commune nomme M. Louis-Léon de Saint-

Just son défenseur officieux dans le différend avec le sieur Grenet, et le charge de choisir un avoué.

Le procès-verbal se termine par cette phrase naïve :

« Dans le cas où ledit Saint-Just n'aurait pas connaissance de
» certains faits, il sera tenu d'en rendre compte à la municipalité
» qui lui donnera tous les éclaircissements nécessaires. »

Le 5 février, on réorganise la garde nationale; Saint-Just est nommé capitaine de sa compagnie (la troisième). M. Thorin, le mari de Mlle Gellé, est nommé capitaine de la deuxième.

Le procès-verbal est signé par Saint-Just.

Le 12 février 1792, on renouvelle l'état-major de la garde nationale. Cette fois, il n'est plus question de colonel ni de lieutenant-colonel, mais seulement de deux commandants. M. Levasseur de Saint-Aubin est nommé commandant en premier; Saint-Just est nommé commandant en deuxième. Le procès-verbal porte sa signature, sans aucune addition; mais le 4 mars suivant, on forme la compagnie de grenadiers. Saint-Just assista sans doute à cette opération. Le procès-verbal ne parle pas de lui, et pourtant il porte sa signature : Saint-Just, L.C. (lieutenant-commandant).

Le 13 mai 1792, on plante l'arbre de la liberté. Les citoyens de Blérancourt, *revêtus de l'appareil militaire*, s'avancent vers la halle. François Monneveux, procureur de la commune, dit que le jour où l'on prend un engagement terrible et sacré, on doit unir tous les amis des lois, pourquoi (on ne sait pas ce que fait là ce pourquoi), il prie Messieurs de l'état-major de faire mettre la garde nationale en bataillon carré, pour que M. de Saint-Just puisse se faire entendre. Saint-Just annonce qu'il a chez lui le buste de Mirabeau; il invite tous les citoyens à le suivre pour l'aller chercher. On se rend chez Saint-Just, on prend le buste que l'on place sur une table sous la halle, et M. Decaisne, le beau frère de Saint-Just, prononce un discours *analogue à la circonstance*, et copié textuellement sur le registre.

Ce discours est rempli de phrases à effet et de mots sonores. L'orateur a voulu donner au jargon révolutionnaire que l'on parlait à cette époque, une teinte de lyrisme et de poésie qui devait peu toucher les laboureurs et les tisserands du pays. Je crois bien que ce discours tout entier est de Saint-Just; ou du moins il est évident qu'il n'a pas été composé sans sa participation. M. Decaisne était notaire, et le style des notaires, même de nos jours, ne brille guère par le lyrisme et la poésie ; et puis M. Decaisne parle longuement de ce buste de Mirabeau tiré de la maison de Saint-Just pour paraître au grand jour sous la halle. Il n'a pas pu préparer son discours sans savoir qu'on irait chercher ce buste, qui fournit au Mirabeau de Blérancourt l'occasion d'une étourdissante prosopopée.

Le procès-verbal se termine ainsi :

« Ensuite tous les citoyens se sont retirés et se sont occupés de
» jeux et de danses. »

Je crois qu'il aurait mieux valu commencer par-là.

« Et le conseil général de la commune a annoncé que mardi
» prochain, il serait dit la messe du Saint-Esprit pour tous les
» volontaires qui sont sur les frontières. »

Le discours sur la plantation de l'arbre de la liberté avait sans doute produit, sur les gardes nationaux, une impression d'autant plus vive qu'ils n'en avaient pu comprendre un seul mot; car le 8 juillet suivant, M. Decaisne, l'ancien colonel qui, dans la nouvelle organisation de la milice civique, avait eu la douleur de perdre ses splendides épaulettes et n'avait pas obtenu le plus petit grade, est nommé capitaine de la compagnie dite de Saint-Just, en remplacement de M. de Saint-Just, nommé commandant en deuxième du bataillon.

Le même jour 8 juillet, issue de la messe paroissiale, les trois compagnies de la garde nationale se réunissent; chacune d'elles désigne un député pour la Fédération qui devait avoir lieu le 14 au chef-lieu du district. Louis-Léon de Saint-Just est chargé de représenter son ancienne compagnie qui portait encore son nom.

Le procès-verbal est signé par Saint-Just.

A partir de cette date 8 juillet 1792, il ne se trouve plus, sur les registres, rien qui soit relatif à Saint-Just. Il fut nommé député le 3 septembre 1792, partit pour Paris et ne reparut plus à Blérancourt. On trouve seulement le procès-verbal ci-dessous à la date du 24 brumaire an III :

« Cejourd'hoi 24 brumaire, troisième année de l'ère républicaine,
» il a été remis à la municipalité, par le comité, trois clés pro-
» venant des scellés apposés chez la citoyenne veuve Saint-Just
» et chez Thuillier.
» Et ont signé les officiers municipaux. »

Tels sont, Messieurs, les documents bien authentiques qui nous font connaître la vie publique de Saint-Just à Blérancourt. Ce jeune homme, dont le patrimoine était très-faible, résidait dans un bourg, occupé seulement à s'instruire, ou bien à rendre à ses concitoyens des services gratuits. Ce jeune homme ne cherchait pas à se créer des ressources nécessaires dans une profession libérale où il aurait fait briller utilement son esprit et son talent. Il voulait jouer un rôle dans le monde. Il étudiait les philosophes et les hommes d'Etat. Il avait foi dans la prédiction faite, en 1790, par le maire de Blérancourt. Il se voyait déjà sur les bancs de l'Assemblée nationale et restait dans son pays pour y former le noyau de la majorité qui devait, par ses votes, l'élever à la députation. Sous la belle charmille de son jardin, au murmure d'un petit ruisseau qui la borde, dans ce riant pays, dans cette vallée d'or, il préparait, pour la France vieillie du 18e siècle, des institutions républicaines qui auraient fait sourire les plus naïfs bergers de l'Arcadie. Il étouffait dans sa modeste maison, et, mécontent du présent, *jetait l'ancre dans l'avenir et pressait la postérité sur son cœur.* Il s'exaltait avec de grands mots, il s'enivrait avec des phrases. Dévoré par la fièvre révolutionnaire, *se sentant de quoi surnager dans le siècle*, il voulait à tout prix, par tous les moyens, sortir de cette affreuse obscurité qui lui pesait, paraître au moins pour un instant sur la scène du monde ; tout prêt à payer de sa vie une année, un jour, une heure d'éclat et de puissance. Il affrontait avec joie la mort, la mort violente ; il avait écrit quelque part :

« Les grands hommes ne meurent pas dans leur lit ! »

Aussi ne le vit-on point faiblir au moment suprême, au moment de l'expiation ; on ne le vit point pâlir lorsque, condamné à mort sur la simple reconnaissance de son identité, on lui demanda pour la forme : Es-tu Saint-Just ? Dans cette mémorable journée du 9 thermidor, il fut le seul qui mourut avec calme, avec courage. Il croyait que la guillotine était la consécration nécessaire de sa renommée, et qu'il était bien certainement un grand homme, puisqu'il finissait ainsi.

Quelle étrange aberration d'esprit ! quelle triste existence et quelle triste fin ! Comment Saint-Just n'a-t-il pas compris que des tribuns, des rhéteurs ne sont pas des grands hommes, parce qu'ils ne meurent pas dans leur lit et n'y laissent pas mourir les autres ! Comment n'a-t-il pas dit en songeant aux illustrations de son pays :

Heureux ceux qui meurent dans leur lit après s'être recommandés à la postérité par d'éclatants services comme Lecat, ou par d'éternelles bonnes œuvres comme le duc et la duchesse de Gesvres ! Heureux ceux dont on peut dire ce que les orphelins de Blérancourt disent de leurs bienfaiteurs :

Sit memoria illorum in benedictione!

SOISSONS. — Typ., lith. et aut. de A. DECAMP.